프란치, 인종차별을 넘어 행진

"선행을 배워라.
정의를 추구하라.
억압받는 이를 보살펴라."
-이사야 1:17

모든 권력을 민중에게

I, WITNESS:RESISTANCE: MY STORY OF ACTIVISM by Frantzy Luzincourt
Copyright © 2022 by The Hawkins Project and Frantzy Luzincourt
All rights reserved.

This Korean edition was published by DARUN Publisher in 2022 by arrangement with The Hawkins Project c/o Writers House LLC through KCC(Korea Copyright Center Inc.), Seoul.

이 책은 (주)한국저작권센터(KCC)를 통한 저작권자와의 독점계약으로 다른에서 출간되었습니다.
저작권법에 의해 한국 내에서 보호를 받는 저작물이므로 무단전재와 복제를 금합니다.

프란치, 인종차별을 넘어 행진

프란치 루진코트 지음
권가비 옮김

다른

편집자의 말

세상을 바꾸기 위해 나선 아이들

복잡한 사건을 제대로 이해하려면 그 문제의 한복판에 서 있던 사람의 생생한 이야기를 들어 봐야 합니다. 여성의 교육받을 권리를 위해 아프리카의 동쪽에 있는 나라 부룬디의 소녀들이 투쟁에 나선 이유가 궁금한가요? 그럼 그 운동에 직접 뛰어들었던 소녀들의 이야기에 귀를 기울여야 하겠지요.

〈빛을 든 아이들〉 시리즈의 핵심은 바로 현대사를 목격하고 경험한 청소년 주인공들이 자신의 이야기를 직접 펼친다는 사실입니다. 사는 곳과 환경이 나와 다른 사람들의 고난을 이해하는 것은 중요한 일입니다. 우리 편집자들은 독자 여러분이 책에 담긴 한 사람 한 사람의 치열한 삶에 공감하고, 더 나은 세상을 만들기 위해 무엇을 함께 할 수 있을지 고민하기를 바랍니다.

2014년 17세 나이에 여성인권운동가로서 최연소로 노벨평화상을 수상한 말랄라 유사프자이, 세계적인 청소년 환경운동가 그레타 툰베리는 자신이 옳다고 믿는 바를 지켜 낸 이 시대의 상징과 같은 인물입니다. 아직 이들만큼 널리 알려지지는 않았지만, 세상을 바꾸기 위해 나선 또 다른 청소년들도 있습니다.

〈빛을 든 아이들〉 시리즈는 여러분처럼 평범한 사람이 극심한 역경을 맞닥뜨리고 그 속에서 다시 일어서는 이야기를 담고 있습니다. 하나같이 놀랍고 믿을 수 없는 사연들이지요. 힘들고 슬프지만 때로는 희망이 차오릅니다. 책을 읽으면서 자신의 지난 경험과 이야기를 떠올려 보세요. 주인공들의 삶과 여러분의 삶은 비슷한가요? 아니면 전혀 다른가요? 여러분의 삶 또는 이 사회에서 해결하고 싶은 문제는 무엇인가요?

이 책에서 여러분은 프란치 루진코트를 만날 것입니다.

프란치는 뉴욕시에서 아이티 출신 이민자 부모의 아들로 태어났습니다. 자라면서 인종차별을 비롯해 여러 종류의 차별을 겪었습니다. 그가 흑인이라는 이유로 부당하게 겪는 고통에 눈을 뜬 것은 백인 특권층이 대다수인 공립 영재학교로 고등학교를 다니던 시절이었습니다.

프란치는 이 고등학교에서 자신을 지지해 주고 아껴 준 블래크먼 선생님을 만나 흑인 학생회를 만들었습니다. 청년 실천운동가로서 리더십을 처음으로 발휘한 값진 경험이었습니다. 2020년 백인 경찰에게 살해당한 조지 플로이드 사건 이후로 프란치는 '흑인 목숨 전략'이라는 단체를 공동 창립합니다. 훗날 이 단체는 흑인 인권을 위해 투쟁한 공로로 상을 받게 됩니다.

우리 편집자들은 프란치가 자기 앞에 놓인 도전적인 상황과 온갖 차별의 벽을 굳은 의지와 끈기로 이겨 내는 모습에 많은 것을 배웠습니다. 독자 여러분도 프란치의 이야기를 통해 깊은 감동과 용기를 얻기를 바랍니다.

내가 궁금해요?

이 책은 이렇게 읽어요

1. 마음을 열고 제 이야기를 들어 주세요.
2. 세상에 어떤 변화가 필요할지 생각해 보세요.
3. 선생님 또는 친구들과 함께 대화해 보세요.

내가 사는 곳은 미국 뉴욕

① 내가 태어나고 자란 뉴욕은 미국 북동부에 있는, '세계의 수도'라고 불릴 정도로 유명한 대도시예요.

② 자유의 여신상, 타임스 스퀘어, 엠파이어 스테이트 빌딩 등 많은 랜드마크가 있지요.

③ 유명한 만큼 전 세계의 수많은 사람이 이곳에 모여 살고 있답니다.

④ 다양한 인종과 문화, 종교가 섞여 있다 보니 인종 차별과 같은 갈등이 생기기도 해요.

| 2020년 5월 25일 | 6월~7월 | 6월 9일 | 2022년 7월 7일 |

경찰의 과잉 진압으로 조지 플로이드 사망하다.

분노한 시민들, 팻말을 들고 거리로 나오다.

조지 플로이드의 장례식을 치르다.

가해 경찰관 데릭 쇼빈, 21년 형을 선고 받다.

미국 흑인들은 약 400년 전 미국에 원치 않게 노예로 끌려온 사람들이에요. 백인들은 흑인들을 소유물로 삼았지요. 1865년에 노예 제도가 폐지되었지만, 차별과 억압은 그 후에도 계속되었어요.

흑인들은 적극적으로 대항하기 시작했습니다. **비폭력 평화 시위**를 주장한 마틴 루서 킹 목사와 자기방어를 위한 폭력은 정당하다고 외쳤던 맬컴 X가 처음으로 목소리를 냈지요. 그리고 마침내 1965년, 흑인들은 참정권을 얻는 데 성공했어요.

흑인 인권 운동은 지금도 여전히 진행되고 있습니다. **차별을 없애고 동등한 권리**를 보장받기 위해 많은 사람이 노력하고 있지요.

차이는 있지만,

차별은 없어요.

차례

편집자의 말　세상을 바꾸기 위해 나선 아이들　　5
내가 궁금해요?　　8

1 ◆ 인권운동의 아이콘　　19
2 ◆ 도서관에서 찾은 내 목소리　　29
3 ◆ 범죄자로 몰린 형제　　39
4 ◆ 흑인 학생회 회장은 처음이야　　47
5 ◆ 대성공을 거둔 갈라 축제　　59
6 ◆ 저녁에 열린 줌 비상 회의　　69
7 ◆ 시위에도 전략이 필요해　　79
8 ◆ 폐지된 악법　　87
9 ◆ 배트맨을 꿈꾸며　　97

시간으로 보는 인물 이야기　　104
질문 있어요　　108
변화를 위한 한 걸음　　114

1

인권운동의 아이콘

그날은 뭐든 계획대로 되지 않는 날이었다. 공항까지 힘껏 달려갔지만 아무 소용이 없었다. 버스와 전철을 갈아타고 포트 오소리티 버스 터미널까지 가서 또다시 공항 셔틀을 타고 뉴어크 리버티 국제공항에 도착했지만, 내가 탈 샌프란시스코행 비행기는 이미 떠나고 없었다. 브루클린의 플랫부시에서 공항까지 한 시간 반 넘게 걸리니 짧은 길은 아니었다.

'아무래도 파란만장한 하루가 되겠는걸.'

다행히 항공사 직원이 다음 비행기를 잡아 주었지만 가뜩이나 짧은 샌프란시스코 체류 시간이 더 짧아지게 되었다. 다시 말해 내가 묵을 호텔에 늦게 도착해서 다음 날 국제 유스 보이스 대회에 참석하고 그다음 날 바로 뉴욕시로 돌아와야 한다는 뜻이었다.

2018년 국제 유스 보이스 대회는 청소년 작가와 실천 운동가*를 위한 대회였다. 혼자 하는 여행도, 대회 참석도 나는 이때가 처음이었다. 나 자신을 알리고 싶었다. 이 대회에 참가 신청을 하면서 에세이 한 편을 제출했다.

힙합을 교재로 사용하자는 내용이었고 제목은 '힙합 교육: 디제이 부스에서 교실로'였다. 글에는 내가 다닌 고등학교에서 최초로 '흑인 학생회'를 만들었던 경험과 비영리 단체 '청소년이 이끄는 통합 뉴욕시'에서 내가 한 일을 언급했다. 이 단체는 뉴욕시가 지닌 여러 큰 문제 중 인종에 따라 학교를 분리하는 정책에 맞서고 있었다. 인종, 종교, 성별 등 차별 없이 누구에게나 공정한 교육의 기회가 주어져야 하며, 나 역시 이를 실현하기 위해 힘껏 노력했다.

마침내 샌프란시스코 공항에 도착한 뒤 택시를 불렀다. 나는 긴장되는 상황에서도 제법 침착한 편인데, 비행기를 놓치면 전혀 그렇지 않다는 걸 그날 알게 되었다. 어쨌든 택시가 고속도로를 질주하자 비로소 마음이 놓였다.

호텔방으로 들어가 가방을 내려놓은 뒤 하루 종일 긴 여행을 한 터라 깨끗이 씻었다. 이 대회에 참석하는 이유는 나와 다른 견해들을 접하고, 좀더 열린 마음으로 시야를 넓히기 위해서였다. 내 개인적으로는 여러 실천운동가★들과 전 세계 곳곳에서 온 다양한 사람들을 만나 좋은 관계를 맺어 보고 싶기도 했다.

휴대폰이 진동했다. 이번 대회를 준비한 어맨다였다.

"프란치, 네가 내일 존 루이스 의원★★을 소개하면 어떨까?"

★ 사회적·정치적 변화를 위해 활동하는 사람들
★★ 미국의 유명한 흑인 인권운동가이자 정치인

전혀 뜻밖의 제안이었다.

"너와 존 루이스 의원이 하는 일의 방향이 같아 보여. 네가 소개해 보면 좋겠어."
"네, 해볼게요."

나는 얼마나 영광스러운 제안인지 제대로 가늠도 못한 채 흔쾌히 수락했다.
존 루이스 의원을 내 입으로 소개한다는 것이 실감이 안 났다. 유명 인사로만 알던 존 루이스 의원이 내가 참가한 대회에서 연설을 한다는 사실도 믿어지지 않았다.

'어쨌든 젊은 실천운동가들이 모여 있는 새로운 대회에서 말할 기회가 생기다니 정말 잘된 일이야. 앞에 나서면 사람들 눈에 뜨일 테니 그대로 묻혀 버리지는 않겠어.'

그런데 시간이 지날수록 내가 해야 할 일이 새삼 크게 다가왔다. 그 유명한 존 루이스 의원을 우리 대회에 참가

한 젊은 실천운동가들에게 소개한다니.

다음 날 저녁, 제1회 국제 유스 보이스 대회 참가자들은 배를 타고 샌프란시스코만을 항해했다. 배는 부드럽게 출렁이고 기분 좋은 바람이 희망으로 가득 찬 우리 젊은이들의 얼굴을 만지고 지나갔다.

세계 여러 곳에서 온 내 또래 실천운동가들 앞에 서서 준비해 간 메모를 읽었다.

"현 시대에 살아 있는 전설이라 일컬을 수 있는 사람은 극소수입니다. 여기 계신 존 루이스 의원은 바로 그런 사람들 가운데 한 분입니다."

그 말을 하는 순간 내가 얼마나 대단한 사람을 소개하는지 더욱 확실하게 다가왔다. 뉴욕 브루클린의 이스트 플랫부시에 사는 아이티 이민자의 스무 살짜리 아들 나프란치 루진코트가 인권운동의 아이콘인 저 위대한 존 루이스를 소개하고 있었다.

미국 하원의원 17회 연속 당선의 그 존 루이스. 프리덤

라이더스* 최초 13인 가운데 한 명인 그 존 루이스. 마틴 루서 킹 목사와 함께 셀마에서 행진한 그 존 루이스. 당시 그분의 나이가 지금의 내 나이와 비슷했다.

존 루이스 의원이 우리를 보며 말했다.

"리더가 되십시오. 사람들의 길잡이가 되어 소동을 피우세요. 유익한 소동** 말입니다. 여러분은 세상을 구원할 수 있어요. 우리 지구를 지켜 주세요."

나는 자주 그 순간으로 돌아가는 생각에 빠진다. 2020년 존 루이스 의원이 돌아가셨을 때, 나는 유익한 소동을 피우고자 매일 최선을 다하던 중이었다. 국제 유스 보이스 대회에서 처음 그분을 소개하던 때와 비교해 지금 나는 열 배는 더 활발하게 인권운동을 하고 있다.

존 루이스 의원은 나를 비롯해 수많은 사람들에게 영감을 주었다. 이제 그가 남긴 역사를 기억하고 그 뜻을 되새기며, 우리 세대가 계속해서 길을 닦아 나가야 할 때다. 어맨다가 옳다. 존 루이스 의원과 나는 목표가 같다. 베를 함께 탔던 그날 저녁 이후, 그분의 말씀은 점점 더 진실이 되었다.

★　1961년 버스 내 흑백 인종차별 정책에 항의하기 위해 버스로 주 경계를 넘어 남부까지 간 사람들을 뜻한다.

★★　존 루이스는 인권운동을 '유익한 소동, 필수적인 소동'이라고 말했다.

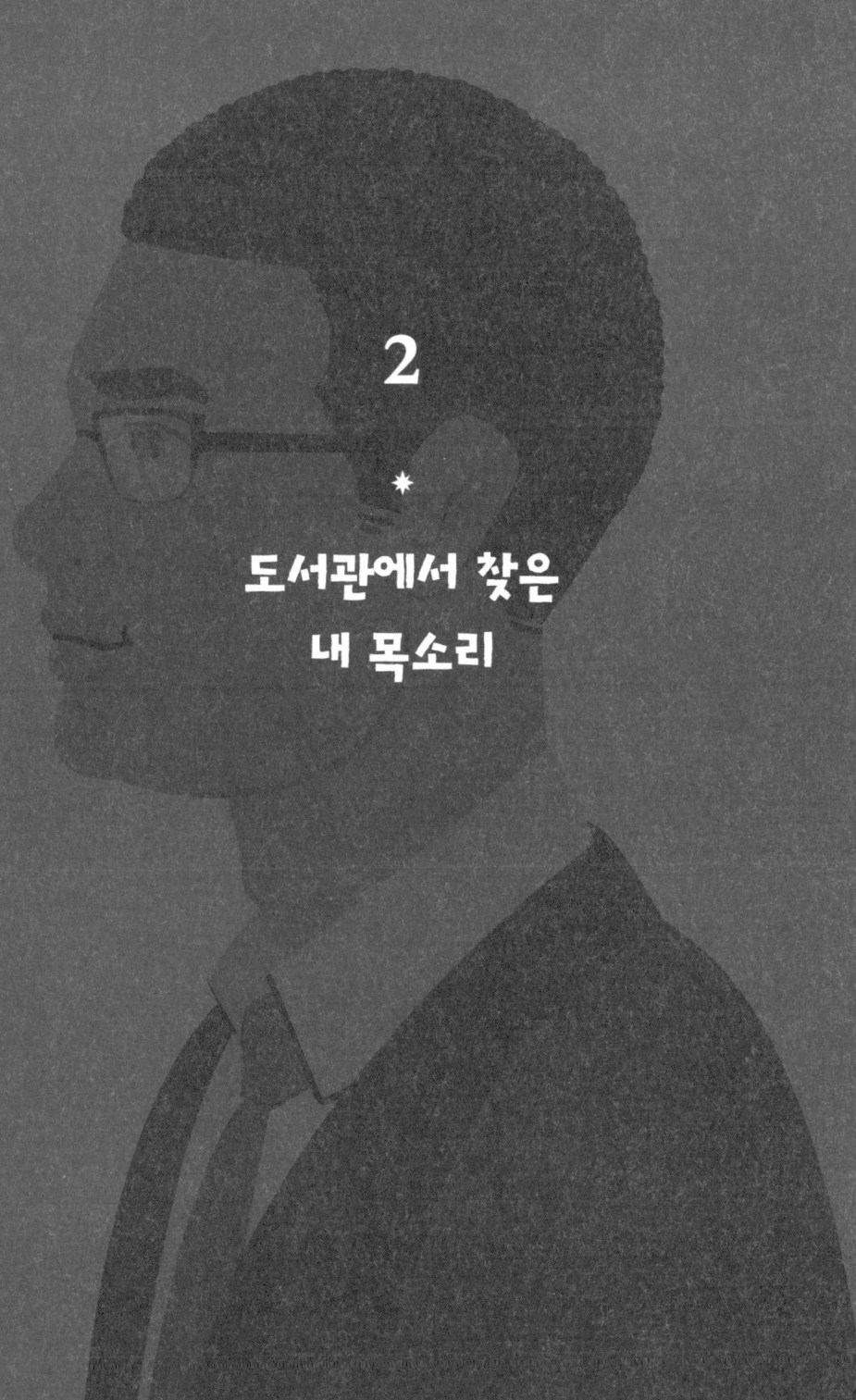

2

도서관에서 찾은 내 목소리

내가 자라고 지금도 살고 있는 곳은 브루클린의 이스트 플랫부시에서 캐나시에 이르는 지역이다. 이곳은 뉴욕시 여느 곳과 마찬가지로 이민자 구성이 매우 높다. 뉴욕은 인종이 매우 다양한 도시다.

  우리 동네는 자메이카, 아이티, 트리니다드 토바고, 가이아나, 그레나다, 바베이도스에서 온 사람들로 구성되어 있다. 대부분이 미국의 남쪽 끝과 남아메리카 북쪽에 위치한 국가들로서 아름다운 카리브해에서 온 사람들이 가장 많이 모여 사는 곳이다. 거리마다 댄스홀이 있고 레게와 아이티 음악인 콤파 소리가 가득하다. 그리고 저크 치킨* 냄새도. 우리 동네 자메이카 식당에서는 거대한 나무 통 모양 그릴에서 닭을 구워 낸다.

이스트 플랫부시와 캐나시 지역에는 주택도 많지만 부동산 개발 프로젝트 또한 왕성하다. 나는 어릴 때부터 살던 집에서 아직도 살고 있으니 다행이라고 할 수 있다. 부모님은 아이티에서 이민을 왔지만 나는 미국에서 태어났다. 아이티와 관련해 우리에게 필요한 것은 전부 이 지역에서 구할 수가 있다. 아주 크고 활기찬 공동체가 형성되어 있기 때문이다. 내가 우리 아이티 고유문화의 끈을 놓지 않고 지낼 수 있었던 이유는 이스트 플랫부시와 캐나시에서 살았기 때문이다.

나는 유치원부터 중학교를 졸업하는 8학년**까지 동네 가톨릭 사립학교에 다니며 흑인과 여러 유색인종 학생들과 함께 지냈다. 엄마는 그 시절에 호흡기 치료사였는데, 새벽 네 시에 일어나 아침 일곱 시부터 밤 여덟 시까지 병원에서 근무할 때가 많았다. 아빠도 심한 사고를 당해서 장애를 얻기 전까지는 근무 시간이 매우 길었다.

이런 이유로 형과 나는 아주 어려서부터 중학교를 다닐

때까지 학교가 끝나면 주로 캐나시에 자리한 여러 도서관에서 시간을 보냈다. 부모님 생각에 도서관은 베이비 시터를 고용하지 않고도 우리를 안전하게 둘 수 있는 유일한 장소였다.

부모님은 교육이 그 무엇보다 우선이라는 사실을 분명히 했다. 다른 많은 이민 가정의 아이들처럼 우리 형제 역시 성적이 우수해야 한다는 압박이 컸다. 학교 수업이 있는 날에는 어떤 오락도 친구 모임도 허락되지 않았고, 학교 성적에 따라 상과 벌을 받았다.

그런데 가끔 공부가 하기 싫은 날이 있었다. 독서는 부모님이 허용하는 유일한 여가 활동이었다. 언제든 어디서든. 그래서 공부가 하기 싫으면 그냥 책을 읽었다. J.K. 롤링의 '해리 포터'라든가 베로니카 로스의 '다이버전트', 릭 라이어던의 '퍼시 잭슨' 시리즈를 읽었다. 나는 독서에 대한 욕구가 커서 도서관은 내 놀이터가 되었다. 방과 후 도

★　자메이카 사람들이 즐겨 먹는 양념이 강한 치킨 바비큐
★★　뉴욕시의 중학교는 6학년부터 8학년까지다.

서관에서 많은 시간을 보낸 것이 결과적으로는 내게 아주 유익했다. 나는 열렬한 독서가가 되었다.

6학년 종교 수업 시간에 《성서》를 소리 내어 읽고 있는데, 뒤프레 선생님이 나를 불렀다.

"프란치, 낭독하는 목소리가 굉장히 좋구나. 웅변대회에 나가 보지 않을래?"

내가 낭독은 썩 잘하지만 사람들 앞에서 연설하거나 웅변하고 싶은 생각은 전혀 없었다. 뒤프레 선생님은 퀸스 교구 중학교 웅변대회에 학교 대표로 나가 보라고 권했다.

"아뇨. 하고 싶지 않아요."

생각만 해도 긴장되는 일이었다. 교실에서는 친구들 앞이라 괜찮지만 생판 모르는 사람들 앞에서 웅변을? 게다가 대회라고? 나는 자신이 없었다. 태권도 대회라면 어린 시절 숱하게 나갔다. 그 대회 역시 모르는 사람들 앞이었지만, 태권도는 내가 좋아서 하는 취미였다.

"네게 재능이 보여서 그래."

뒤프레 선생님이 아쉬워했다.
그 재능이란 게 내 눈에는 보이지 않았다. 확신도 못하는 일에 왜 뛰어들겠는가?
하지만 뒤프레 선생님은 포기를 몰랐다. 이듬해 다시 그 이야기를 꺼냈다. 이번에는 좀더 세게 밀어붙였다.

"프란치, 넌 꼭 해야 해!"

뒤프레 선생님의 부탁을 두 번씩이나 거절할 수가 없었다. 그럴 방법을 몰랐다.

'좋아, 제일 존경하는 선생님이 나를 위해 하신 말씀이잖아. 한 번 도전해 보자.'

사람들 앞에 나서서 연설하는 일이 미국에서는 가장 큰 공포증으로 꼽힌다는데, 막상 내가 해보니 전혀 문제가 안 되었다. 사실은 어떤 주제로든 내가 연설을 꽤나 잘했다. 그래서 결국 웅변대회에서 7학년과 8학년 레벨 모두 결선까지 진출했다.

아마도 도서관에서 보냈던 시간이 그 비결이었던 듯하다. 독서에 할애했던 그 많은 시간이 내 목소리를 찾은 방법이었다. 책을 많이 읽은 덕분에 연설을 하거나 연설문을 쓰는 게 어렵지 않았고 결국 학교 대표로 대회에 나가 우승할 수 있었다. 내게 그런 재능이 없었더라면 리더로 활약할 수 없었을 것이다. 독서는 내게 큰 힘이 되어 주었다.

3

범죄자로 몰린 형제

중학교를 다니는 동안 내 생활 범위는 거의 여섯 블록을 벗어나지 않았다. 학교가 끝나면 도서관에 가거나 가까운 도장에 가서 태권도 연습을 했다.

열 살 무렵인 어느 날이었다. 마침 쉬는 날이었던 엄마가 태권도장에 있던 나를 데리러 왔다. 함께 간식을 먹으려고 길 건너 '델리*'로 갔다.

나는 도장을 나올 때 태권도 띠를 풀어 재킷 주머니에 쑤셔 넣었다. 태권도 규칙에 따르면 띠는 도장에서만 매

★ 햄, 치즈, 샐러드 등을 섞어 만든 간편식을 파는 가게

는 것이라 도장과 가까운 곳이라도 풀고 가야 했다. 주머니가 불룩했지만 나는 개의치 않았다.

엄마와 나는 고기며 빵, 칩을 고르느라 가게 안을 이리저리 돌아다녔다. 특별한 일은 없었다. 그냥 보통 델리 가게였고 우리도 그저 늘 하던 대로 행동했다. 그렇지만 주인 남자가 나를 눈여겨보고 있었다. 불룩한 내 재킷 주머니를 쳐다보았다. 엄마가 값을 치르는 동안에도 주인은 계속 나를 노려보았다.

"주머니를 뒤집어 봐라."

주인이 명령했다.

"뭐라고요?"

엄마가 대신 물었다.
주인은 아직도 내 주머니에서 눈을 떼지 않고 있었다.

"훔친 거 없어요. 이건 태권도 띠라고요."

나는 억울해서 설명했다.
엄마 얼굴에 번쩍 분노의 불길이 일었다. 내가 주머니에서 띠를 꺼내 보이려 하자 엄마가 말렸다.

"주머니 보이지 마라. 안 그래도 돼."

델리 주인은 내가 50센트짜리 조그만 봉지 과자를 훔쳤다고 의심했다. 어처구니없었다. 우리는 곧장 가게에서 나왔다. 엄마는 분노로 이글거렸다.

같은 거리에서 우리 형도 흑인이라는 이유로 그런 의심을 받으며 인종 프로파일링★을 당했다. 형도 평소처럼 도장을 나서는데, 경찰에게 붙잡혀 갔다. 경찰들이 형을 체포한 이유는 언제나 한결같았다. "범죄를 저지를 사람처럼 생겼다"는 것이다.

★　인종이나 민족을 범죄의 근거로 판단하는 편파적 수사

하지만 형은 그런 사람이 아니다. 당연히 형은 석방되었지만 이 두 사건은 지금까지 내 기억에서 사라지질 않는다. 그날 본 엄마의 분노도 내 마음에 또렷이 남아 있다.

4

흑인 학생회 회장은 처음이야

나는 고등학교에 들어가면서 처음으로 백인이 대다수인 환경에 놓이게 되었다. 입학 심사를 거쳐 우수 학생을 선발하는 공립 영재학교를 다니게 된 것이다. 그 학교에 다니려면 과목 평균이 특정 점수를 넘어야 했다. 뉴욕시에서 좋은 학교를 다닌다는 것은 사회경제적으로 높은 위치에 있다는 뜻이고, 따라서 학생의 99퍼센트가 백인이다. 내가 다닌 고등학교는 맨해튼 비치에 자리하고 있었는데, 등교하는 데만 한 시간 반이나 걸렸다. 브루클린에 있는 유대인 동네로, 매우 부유하고 백인이 대부분이다.

학업 수준도 완전히 달랐다. 공립학교를 거쳐 온 급우

들은 이미 수학의 대수와 기하를 배운 상태였다. 사립학교를 다녔던 나는 배우지 않았는데 말이다. 나는 전혀 모르는 공립학교 시스템에 그들은 이미 익숙해 있었다. 나는 주 정부에서 시행하는 학력시험에 대해서도 몰랐다. 학교 상담 선생님과 면담하는 법도, 성적표를 떼는 법도 몰랐다.

고등학교 전까지는 학교 밖에서만 미묘한 차별을 느꼈는데, 이제는 학교 안에서도 경험해야 했다. 백인 아이들이 말하곤 했다.

"너는 왜 말하는 게 백인 같아?"

그런 놀림에 일일이 반응하지 않고 무시했더니 점점 더 심한 말을 듣게 되었다. 그래서 학교에서는 흑인 학생과 다른 유색인종 학생들이 뭉쳐 지냈다. 우리는 서로의 편이 되어 주었다.

이 무렵 나는 모리스 블래크먼 선생님을 가장 좋아했다. 영어 선생님인데 호리호리한 몸에 키가 좀 작은 흑인 남자분이었다. 단정하지만 편안한 옷차림으로 다녔다. 새로 온 젊은 선생님이라 학생들과 쉽게 친해졌다. 우리와 나이 차이도 크지 않았고 격식에 얽매이지 않고 편안하게 가르쳤다. 학생들을 웃길 줄 아는 선생님이었다.

블래크먼 선생님은 사회 정의에 관심이 많아서 조지 오웰의 《동물농장》 같은 책을 소개해 주었다. 그리고 우리 학교 최초로 '흑인 학생회'를 만드는 데 열성을 보였다. 교사로서 당연하겠지만 학생들이 자신의 미래를 위해 진지하게 고민하고 애쓰기를 바랐다. 유색인종 학생들이 백인 학생들에 비해 대우받지 못할 때가 많았는데, 블래크먼 선생님은 무리해서라도 우리에게 따뜻하고 안전한 공간을 만들어 주었다.

블래크먼 선생님은 흑인 학생회를 만들려고 할 때 처음부터 나를 주목했다.

"프란치, 학생회를 해보지 않겠니?"

블래크먼 선생님이 제안했지만 나는 손사래를 치면서

못한다고 했다. 선생님의 제안은 내가 인생에서 두 번째로 망설인 경우였다. 인종과 정책 문제로 많은 학생들의 주목을 받고 싶지 않았다. 교내에서 모든 학생들의 인종적 평등을 위해 내 목소리를 내며 싸워 나갈 자신이 없었다. 그런 큰 목표를 이루는 데 내가 알맞은 인물이라고 생각되지도 않았다.

그러나 블래크먼 선생님은 포기하지 않았다. 끊임없이 그 이야기를 꺼냈다. 매일 수업 시간에 선생님을 만나니 어디 숨을 수도 없었다. 내가 숙제 관련 질문을 하려면 선생님은 학생회 이야기를 꺼냈다. 점수가 궁금해서 교무실로 가도 학생회 이야기를 꺼냈다.

결국 나는 받아들일 수밖에 없었다.

'못할 게 뭐람? 선생님의 뜻에 따라 보자. 학생회가 어떤 곳인지 알아보는 것도 나쁘지 않겠어.'

블래크먼 선생님의 설득으로 내가 흑인 학생회에 가입시켰다는 건 내 친구들도 합류했다는 뜻이다. 흑인과 유색인종 학생으로서, 우리는 모든 걸 함께했다.

그것은 백인 학생이 대부분인 학교에서 일종의 생존 전략이었다. 흑인 학생이 다섯 명인데 그 가운데 한 명이 방과 후 활동을 하면 우리 모두 함께했다. 하교도 모두 함께 하는 사이였으니까. 우리는 모든 걸 함께, 아니 적어도 거의 모든 걸 함께하는 게 좋겠다고 생각했다. 누구도 빠뜨리고 싶지 않았다.

그런데 갑자기 블래크먼 선생님이 내게 흑인 학생회 회장을 맡으라고 했다.

뉴욕은 매우 다양한 인종이 사는 도시이지만 동시에 구별, 분리되는 곳이다. 우선 동네마다 사는 인종이 다르다. 백인이 대다수인 동네에 살면서 백인이 대다수인 학교를 다니다 보면 흑인이나 다른 문화권 사람들과 교류할 일이 거의 없다. 나는 우리 학교 백인 학생들이 흑인 학생회에 어떤 반응을 보일지 걱정되었다.

하지만 블래크먼 선생님의 기대에 부응하고 싶었다. 선생님을 실망시키고 싶지 않았다. 내가 잘 해내리라는 선생님의 확고한 믿음에 결국 회장을 맡기로 했다. 나 역시

도 내가 회장을 맡아 어떤 일들을 할 수 있을지 궁금했다. 블래크먼 선생님은 학생회 회장 경험이 내게 유익할 거라고 확신했다. 나는 그런 선생님의 선의를 믿어 의심치 않았다.

예상대로, 흑인 학생회를 어떻게 받아들여야 할지 몰라 하는 백인 학생들이 많았다. 조회 시간에 회장으로 내 이름이 발표되자 교실에 있던 아이들이 나를 보는 눈이 달라졌다. 어떤 아이들은 킬킬댔고 어떤 아이들은 불쾌한 기색이었다. "대체 뭐하는 건데?"라고 묻는 것 같았다.

내가 복도를 걸어가면 몇몇 아이들이 내 이름을 부르며 살짝 놀리는 말투로 물어 오곤 했다.

"오, 흑인 학생회가 뭐야? 이제 네가 전체 흑인들 회장인 거니?"

"무슨 일을 할 건데? 백인을 괴롭힐 생각이니? 백인 학생회도 생기려나?"

불쾌했다. 그렇다고 내 마음이 약해지지는 않았다. 그

하고 있다. 흑인 학생회와 회장직은 내 안의 잠재력을 이끌어 냈다. 그리고 이후 실천운동가와 조직자로서 점점 더 큰 역할을 하도록 나를 마치 도미노처럼 몰고 갔다.

5

대성공을 거둔 갈라 축제

대학은 내게 완전한 별세계였다. 흥미로운 것을 얼마든지 자유롭게 할 수 있었다. 고등학교에서처럼 학업 분량이 정해져 있지도 않았다. 중학교 때처럼 다양한 인종이 모인 환경이었다. 사실 내가 다닌 대학인 시티 칼리지 오브 뉴욕*은 뉴욕시립대학교** 시스템에서 중심축이 되는 학교로, 미국에서 가장 다양한 인종이 모여 있다. 미국의 어느 캠퍼스에서보다 다양한 언어가 들리는 곳이다.

★   뉴욕시립대학교 소속의 4년제 시립대학교로, 약칭은 '시티 칼리지'다.

★★ 미국 뉴욕시에 위치한 공립대학의 연합체

내가 시티 칼리지에 다닌 데는 특별히 두 가지 이유가 있다. 첫째, 학비가 감당할 만했다. 우리 집 여건상 내가 미국 동북부의 명문 아이비리그 대학들이나 사립학교를 다니는 건 불가능했다. 내가 지원했던 또 다른 대학교 하워드대학교에서 많은 장학금을 준다고 했지만 그것만으로는 학비를 다 감당할 수 없었다. 둘째, 시티 칼리지의 매콜리 아너스 프로그램이 내 최종 목표인 로스쿨까지 가는 길을 열어 주기 때문이었다.

7학년 때부터 내 꿈은 줄곧 변호사였다. 당시 학교를 찾아간 부모님에게 수학 선생님이 이렇게 말했다고 한다.

"프란치는 트러블 메이커예요. 착한 아이지만 늘 뭔가에 말려들어서 문제를 일으키거든요. 소동을 쫓아다니죠. 아마 변호사를 하면 잘할 거예요, 하하하."

부모님께 이 말을 전해 들었을 때 과연 선생님이 진심으로 한 말인지 알 수가 없었다. 그래도 그냥 받아들이며 별생각 없었는데, 시간이 흐를수록 변호사에 대해 점점 더 관심을 갖게 되었다.

시티 칼리지의 매콜리 아너스 프로그램은 기본적으로 4년 전액 장학금을 준다. 나는 노트북도 받았다. 그리고 다른 학생들이 수강 신청을 하기 전에 내가 먼저 듣고 싶은 수업을 정할 수 있었다. 그 프로그램 소속 학생들에게는 전담 지도 교수가 있었고 박물관이라든가 기타 문화 행사를 공짜로 다닐 기회가 많았다. 학부 공부를 위해 한 푼도 따로 지불하지 않아도 되었다. 형이 벌써 대학에 다니고 있었고 막내인 나까지 대학에 가야 해서 부모님의 경제적인 부담은 엄청났다. 나는 곰곰이 생각했다.

'이건 내 미래만이 아니라 가족 모두를 위해서도 좋은 기회야. 나까지 대학에 보내려면 학비 때문에 부모님 걱정이 태산일 테니까.'

시티 칼리지에는 콜린 파월 시민 및 글로벌 리더십 스쿨도 있는데, 이 역시 내게 도움이 되었다. 공공 정책과 국제 관계, 정치학 프로그램이 대단히 훌륭하기 때문이다.

또 공공 서비스를 공부하는 학생과 로스쿨 진학을 원하는 학생들에게 특별 연구원 자격과 장학금을 제공하기도 했다. 사실상 내가 관심을 갖고 원하는 모든 것을 다 갖추고 있는 셈이었다. 게다가 시티 칼리지가 위치한 할렘은 내가 사는 플랫부시 캐나시에서 완전히 동떨어진 지역이었다. 나는 줄곧 한 동네에서만 살았기 때문에 같은 시내지만 멀어서 전혀 새로운 지역으로 학교를 가게 되어 몹시 좋았다.

블래크먼 선생님의 지혜로운 인도로 나는 기회 잡는 법을 배웠다. 대학에 입학한 첫 주에 학생회 사무실로 찾아가서 어떻게 하면 동참할 수 있는지 물어보았다. 그리고 1학년 때 학생회 임원으로 출마했다. 그해에는 떨어졌지만 2학년 봄에 재출마해서 문과대학 대표 학생의원으로 당선되어 가을 학기부터 임무를 수행했다. 그렇게 해서 결국에는 학생회장이 되었다.

고등학교 때 첫 흑인 학생회를 만들 때 배운 교훈들을 대학에서는 좀더 큰 규모로 적용했다. 흑인 학생회에서 제1회 마틴 루서 킹 목사 기념일 행사를 준비했던 것처럼,

시티 칼리지 학생회장 당시 내가 벌였던 가장 큰 행사는 제1회 흑인 역사의 달* 갈라 축제였다.

처음 발상은 흑인 학생 간부회의 때 시작되었다. 학생 자치회 소속 흑인 멤버들은 또 다른 흑인 단체에서도 역시 간부직을 맡고 있었다. 우리는 함께 아이디어를 짰다. 학생회는 갈라 축제에 필요한 세부사항을 모두 준비하고 감당할 능력이 있었다. 단체로서 힘도 있고 돈도 있었기 때문이다.

마틴 루서 킹 목사 기념일 행사도 큰 일이었지만 갈라 축제는 전혀 다른 의미에서 큰 일이었다. 티켓 판매와 관객 모집, 음식, 게스트로 모실 연설자, 보안에 대한 사항들을 일일이 신경 써서 준비해야 했다. 할 일이 많았고 커다란 도전이었다.

그렇지만 결국 엄청난 성공을 거두었다.

시티 칼리지의 모든 흑인 학생 단체들이 참여했다. 뉴

★ 매년 2월 미국인들은 아프리카계 미국인들의 역사를 돌아보며 인종 차별을 극복하고자 노력한다.

욕주의회 할렘 대표 알 테일러 의원이 와서 연설을 했다. 내가 좋아하는 분이다. 흑인 학생회는 댄스파티를 열었다. 라이브 음악이 흐르자 모두가 온몸을 흔들었다. 작곡과 랩을 하는 내 친구가 공연을 했다. 친구에게 공연 기회를 줄 수 있어서 정말 좋았다. 시티 칼리지의 모든 흑인 예술가들이 빛날 수 있는 무대를 선사할 수 있어서 무척 기뻤다. 아름다웠다. 공동체로서 소속감과 기쁨이 축제 가득히 흘러넘쳤다. 사람들은 반짝이는 턱시도에 드레스 차림으로 한껏 멋을 부렸다. 저녁이 끝나 갈 때쯤 학생회 부회장이 샴페인 건배를 제안했다.

그날 밤은 내 대학 생활뿐만 아니라 학생회장 임기의 하이라이트였다. 행사를 성공적으로 마쳐서 구름 위를 나는 기분이었지만 안타깝게도 그 상태는 오래가지 않았다. 2주 후 학생들이 걱정 가득한 얼굴로 학생회 사무실에 찾아왔다. 난데없는 질병이 전 세계에 퍼지고 있었고 그들은 겁에 질려 있었다.

코로나19 팬데믹을 이유로 학교를 폐쇄하자고 요청한 사람은 뉴욕시립대학교 전체 학생회에서 내가 최초였다

걱정 가득한 얼굴로 우리 사무실을 찾아온 그 많은 학생들을 보니 달리 선택의 여지가 없었다. 우리는 신속하게 행동을 개시했다. 세상이 문을 닫아 버리기 전에 학업을 재개할 계획을 세우고, 가상 플랫폼으로 수업을 옮기도록 했다. 그리고 내가 한 아주 중요한 일은, 시티 칼리지에 푸드 뱅크를 여는 계획을 수립하도록 도운 것이다. 그래야 가장 취약한 계층도 식품을 구할 수 있기 때문이다. 나는 코로나19 상황이 앞으로 훨씬 더 나빠질 거라고 예견했고, 그 생각은 적중했다.

그해 봄 나는 대학을 졸업했다. 최악의 팬데믹 시절이라 캠퍼스는 여전히 폐쇄 중이었다. 학생회장이니까 졸업식장의 연단에 올라 연설을 할 수도 있었다. 아마 우리 부모님이 몹시 자랑스러워하셨을 것이다. 그렇지만 졸업식은 그 학기 다른 행사들과 마찬가지로 온라인으로 치러졌다. 비록 제대로 된 졸업식을 치르지 못해 아쉬웠지만, 그래도 대학의 학생회장으로서 내가 이루어 낸 일들이 무척 자랑스러웠다.

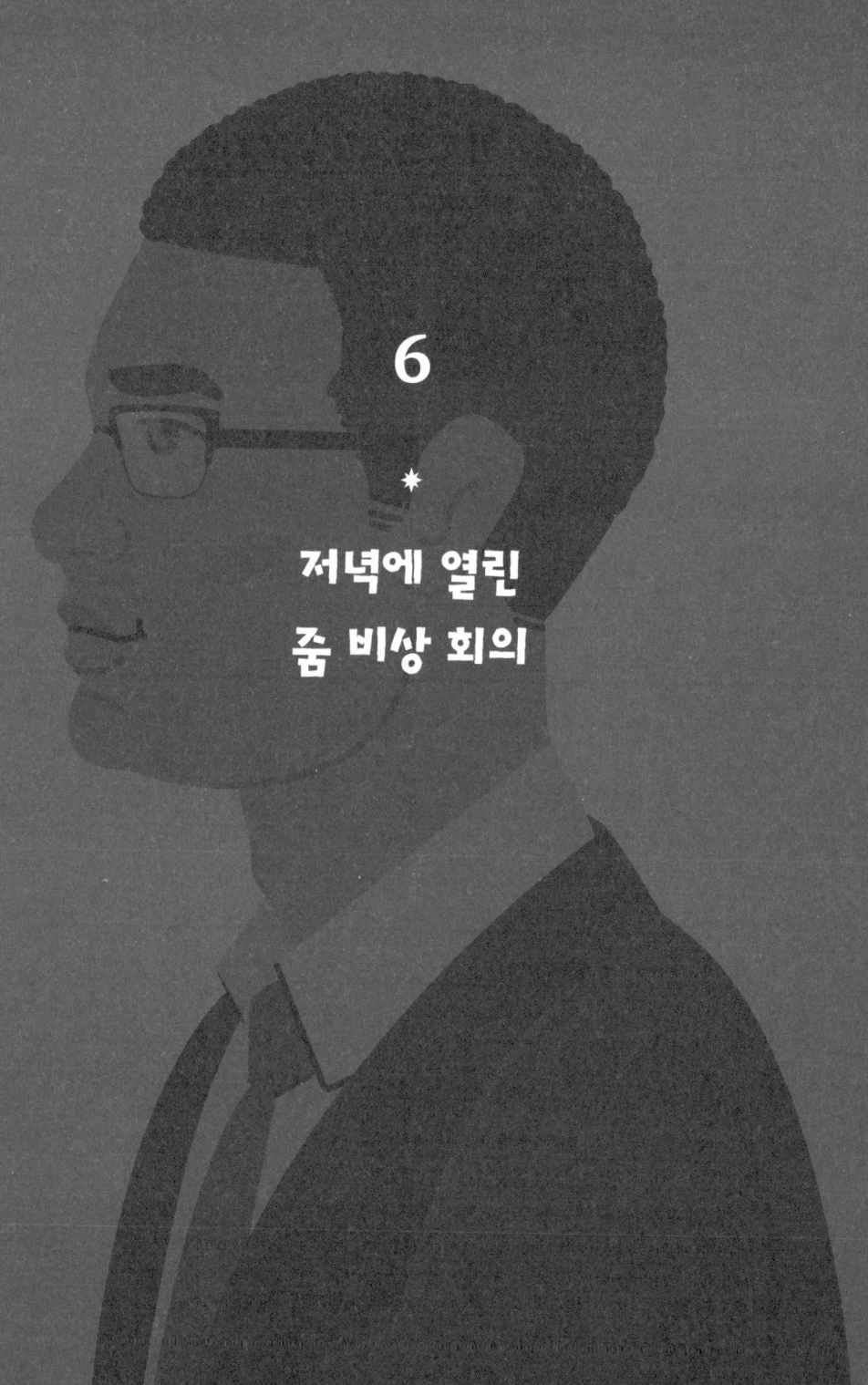

6

저녁에 열린 줌 비상 회의

2020년 5월 26일은 '흑인 목숨 전략' 단체가 탄생한 날이다. 나는 친구들과 프래터니티* 멤버 한 명이랑 모여 캐나시에서 바비큐를 즐기고 있었다. 그날은 메모리얼 데이**이자 내 절친 자렛의 생일이기도 해서 메뉴가 거창했다. 그릴에 치킨, 버거, 핫도그를 굽고 샐러드와 마카로니 치즈도 곁들여 먹었다. 코로나19 팬데믹 이후 처음으로 가진 모임이었다. 우리는 야외에서 서로 거리를 유지하며

★ 　미국 대학에서 기숙사 생활을 함께하는 남학생 친교 모임
★★ 　미국판 현충일로 전몰장병을 추모한다.

쉬고 있었다.

휴대폰으로 동영상을 보고 있던 친구 패트릭의 표정이 뭔가 좋지 않아 보였다.

"프란치, 이거 봤니?"

패트릭이 화면을 보여 주었다. 바로 전날에 경찰이 조지 플로이드라는 흑인 남자 한 명을 또 살해했다는 내용이었다.

나는 동영상을 잠깐 보다가 휴대폰을 밀치며 말했다.

"진저리가 난다. 대체 왜 이런 일이 계속해서 일어나는 거지?"

대답을 바라는 질문이 아니었다. 이런 종류의 동영상은 이전에도 많았다. 패트릭과 나는 고등학교 때부터 각종 행진과 시위 현장에 참여했다. 처음 참여한 시위는 에릭 가너*의 죽음으로 촉발된 행사였다. 그때 우리는 열다섯 살이었다. 나는 화가 났다. 하지만 단순히 화난다는 말로는 그때, 그리고 지금까지 내가 느끼는 분노와 두려움이 뒤섞인 이 먹먹한 감정을 제대로 표현할 수 없다.

어떻게 이런 일이 가능한가? 6년 전, 고등학생이던 내가 경찰의 과잉 진압에 대항해 '흑인의 생명도 소중하다'는 시위를 했다. 지금 나는 어른이 되었고 대학도 졸업했는데 같은 이유로 또다시 시위를 해야 한다고? 대체 지난 6년 동안 우리가 한 일은 무엇이란 말인가.

패트릭은 내 절친한 친구들 가운데 한 명으로 중학교 시절부터 친했다. 패트릭과 함께 바비큐 앞에 서 있는데 가늠할 수 없는 분노와 좌절감이 차올랐다.

'참을 만큼 참았어.'

우리 둘은 진지하게 이야기를 나누었다. 구조적이고 정책적인 변화가 왜 안 보일까? 결국 뭐라도 행동에 나서야

★ 2014년 뉴욕 경찰에게 목 졸려 살해된 흑인

겠다고 결론을 내렸다. 우리가 모든 문제를 해결할 수는 없지만 그래도 해결의 한 축은 될 수 있을 거라 믿었다.

"당장 인스타그램에 포스팅할게."

나는 즉시 인스타그램에 다음과 같은 글을 썼다.

'뭐라도 하고 싶은 사람이 있다면, 지금 벌어지는 상황에 어떻게라도 대응하고 싶다면, 내게 DM을 보내시오.'

그리고 내게 연락해 오는 사람은 누구든 그룹채팅에 포함시켰다. 우리는 그날 저녁 줌으로 비상 회의를 열고 경찰의 과잉 진압에 대해 그간 벌어진 일들과 대책 마련 등을 논의하려 했다. 내 트위터 계정에 줌 링크를 걸고 회의 시간을 알렸다.

그게 실수였다. 내 트위터 계정은 전체 공개였다. 그날 우리가 줌으로 '일곱 가지 요구 사항'을 만들기 위해 의견을 나눌 때였다. 두세 명의 백인 우월주의자들이 참여차

더니 우리에게 흑인 비하어를 던져 대기 시작했다.

무척 기분 나빴지만 한 가지는 분명해졌다. 패트릭에게 문자를 보냈다.

'야, 우리가 처음 하는 회의인데 벌써부터 백인 우월주의자들이 나타나서 훼방 놓네. 우리가 제대로 하고 있다는 뜻이야. 정확한 길을 가고 있는 거라고.'

인터넷상으로 인종차별주의자들의 공격을 받은 뒤, 우리는 경찰의 과잉 진압에 대한 '일곱 가지 요구 사항'을 담은 성명서를 완성했다. 그러고는 모든 미디어에 그 성명서를 보냈다.

1. 경찰에 허위 신고하면 처벌할 수 있는 정책 시행

    법을 위반하지 않았는데도 허위 신고로 경찰을 불러서 공권력을 낭비하거나 인종차별 언어를 구사하는 사람들은 결과에 책임을 져야 한다.

2. 뉴욕경찰청장과 뉴욕시장의 회동

    직접적으로 소통해 오해의 여지를 줄인다.

3. '침묵의 푸른 벽'* 제거

    이 '벽'을 허물어야 경찰의 개선점과 투명성이 확보되고, 경찰 스스로 자기 행동에 책임질 수 있다.

4. 특별감찰관 임명

    특별감찰관 임명으로 경찰 정책과 행태의 심층 감시가 가능해진다.

★ 미국 경찰끼리 동료의 잘못, 대민, 범죄에 침묵하는 것을 뜻한다.

5. 경찰에 대한 심사 과정 개정

경찰 심사를 엄격히 해서 공동체 수호와 봉사에 헌신할 인물들만 경찰 자격을 유지하게 한다.

6. 뉴욕주 검사들이 경찰의 책임 추궁에 전력

검사들은 법을 집행하는 경찰이 스스로의 행동에 책임지도록 앞장선다.

7. 지역사회 주민은 자기 안전을 확보하는 일에 적극적으로 참여

지역사회 주민은 법을 집행하는 경찰에게 책임을 묻고 사법 정의를 실현하는 일에 참여할 수 있어야 한다.

다음 날, 우리는 TV 뉴스 생방송에 초대되었다. 그리고 우리의 요구 사항에 대해 당당하게 설명했다.

 단체를 시작하는 건 아주 힘들다. 골치가 지끈거리는 일이다. 그러나 정말 다행히도 우리 단체 '흑인 목숨 전략'은 내가 아주 잘 아는 믿음직한 두 사람과 함께 출범시켰다. 바로 내 절친 패트릭과 티머시였다. 티머시는 내가 뉴욕 시립대학교 학생 지도부에서 조직 업무를 하다가 알게 된 친구였다. 이 두 사람이 내 곁에 있어 주어 무척 기뻤다.
 하지만 단체 결성 초기에는 마치 비행을 하면서 비행기를 만드는 것 같은 느낌이었다. 주변의 상황이 워낙 빨리 바뀌어서 대응, 대응, 대응 말고는 다른 일을 할 여력이 없었다. 우리는 조직 구성 작업을 하는 한편 거리와 현장에

나가 흑인의 권리를 위해 싸웠다.

줌 회의를 하고 며칠 후, 티머시와 나는 악명 높은 뉴욕시 바클레이즈 시위에 별 계획 없이 즉흥적으로 참여했다. 백인 경찰 데릭 쇼빈에게 목이 눌려 살해당하는 조지 플로이드의 영상이 온라인상으로 들불처럼 퍼진 뒤, 그 사건에 항의하는 시위였다.

우리는 흑인 목숨 전략 단체를 막 시작했던 참이라 아직 존재감이 없었다. 인터넷 페이지고 뭐고 전혀 갖춘 것이 없던 때였다. 그날 우리는 시위행진에 참여하면서 현장이 얼마나 아수라장인지 직접 목격했다. 시위자들에게 전략이라고는 전혀 없었다. 오합지졸의 열기만 가득했다.

그러던 중에 한 무리의 폭력주의자들을 만났다. 그들은 원뿔형 도로 표지물과 자전거들을 넘어뜨리고 다녔다. 시위의 본질이 왜곡되는 느낌이 들었다. 그래서 걸음을 멈추고 그들에게 물었다.

"그런 행동으로 어떻게 조지 플로이드의 죽음을 기릴 수 있지요? 어떤 관심을 끌 수 있을까요?"

그들은 대답하지 못했다.

행진은 밤까지 계속되었고 점점 더 소란스럽고 혼란스러워졌다. 사람들은 경찰에게 물건을 던졌고 경찰차에 불도 질렀다. 티머시는 폭력적으로 진압하는 경찰에게서 시위자들을 보호하려고 애썼다. 그때 경찰이 우리에게 최루가스를 분사했다. 사람들을 돕는다는 이유로 우리는 최루가스를 맞아야 했다. 주위 사람들이 눈물을 흘리며 소리치다가 구호를 외쳤다. 뉴욕 경찰은 국회의원들과 의회에서 온 사람들에게도 최루가스를 쏘고 두들겨 패기 시작했다.

나는 그 난리의 한가운데에 있었지만 충격이 너무 커서 마치 딴 세상에 있는 것 같았다. 감정적으로 대응하지는 않았다. 내 주변에서 벌어지는 사건들을 하나하나 관찰하며 머리에 담으려 애썼다.

그때 깨달았다. 우리가 시위운동에 참여하면서 잊지 말아야 할 것은 도덕적인 태도와 품성을 지키는 것이었다. 시위 현장에서 벌어지는 소란과 폭력이 주가 되면 안 되었다. 우리는 전략적일 필요가 있었다. 그래서 힘 있는 사람들이 나서도록 만들어야 했다. 시위의 메시지가 흐려지면 패배할 수밖에 없는 싸움이었다.

우리 흑인 목숨 전략 단체는 시위행진을 주도하고 싶지는 않았다. 오히려 이미 활동 중인 현장 사람들에게 힘을 실어 주거나 보조하는 편이 더 좋았다. 그래서 시위 참여를 시작했을 때 주최 측에 다음과 같이 소개했다.

"안녕하세요. 우리는 뉴욕시에서 온 청년 단체, 흑인 목숨 전략입니다. 저희가 도울 일이 있으면 말씀해 주세요."

그렇게 우리는 여러 단체와 연대를 시작했고 우리에 대한 평판을 좋게 만들어 갔다. 현장에 나가 있는 동안에는 시위가 원만하게 진행되도록 애썼다.

우리는 일종의 시위 공식을 만들어서 대원들의 위치를 정했다. 두 명은 시위 군중 앞줄에, 두 명은 뒷줄에, 또 왼쪽 오른쪽에 각각 두 명씩 배치했다. 대원들은 맡은 자리에서 사람들을 살피며 시위가 순조롭게 진행되도록 도왔다. 대원들 모두 검은 셔츠에 노란 스카프를 착용했다. 경찰 출동이니 불미스러운 일을 포착하면 우리는 서로

에게 문자를 보냈다. 사람들이 흥분하거나 난동이 벌어지면 흐름을 바꾸었다.

"이봐, 방식을 달리 해서 진행해 보자."

우리는 세세하고 치밀하게 전술을 지원했다. 이따금 마이크를 잡고 시민의 참여도 독려했다.

흑인 목숨 전략은 이제 뉴욕시에서만 주도적으로 활동하지 않고 전국 흑인 인권 운동 차원에서도 중요한 단체가 되었다.

8

폐지된 악법

나는 티머시, 패트릭과 함께 차를 타고 뉴욕 올버니로 가고 있었다. 아침 일찍 출발했기 때문에 조금 피곤했다. 브루클린에서 올버니까지 세 시간 거리여서 패트릭이 운전하고 나는 잠깐 눈을 붙였다.

중간쯤 가다가 화들짝 놀라서 잠이 깼다. 티머시와 나에게 잡힌 인터뷰 약속이 막 떠올라서였다. 런던의 뉴스그룹 데일리 메일과 화상 인터뷰를 하기로 되어 있었다. 당시 수많은 사람들이 항의 시위를 하던 중이라 인터뷰 요청이 끊임없이 들어왔다. 언론의 관심이 치솟자 흑인 목숨 전략 단체를 찾는 기관도 많았다. 자동차 앞유리 쪽에 서둘러 삼발이와 조명을 장착한 뒤 옷매무새를 가다듬고 있는데, 뉴스 앵커에게 전화가 왔다. 카메라를 고정시키려고 애썼지만 흔들리는 차 안에서 방송하고 있음을 숨길 수가 없었다.

"우리는 지금 '더욱 안전한 뉴욕 법'을 지지하기 위해 올버니로 가고 있습니다. 우리의 행동 제1단계는 목소리를 내는 것입니다. 지금은 제2단계로 옮겨 가는 중인데, 시민의 참여를 독려하고 있습니다. 투표 날짜, 예비 선거, 여론 조사 참여 등을 강조합니다."

흑인 목숨 전략 단체는 다양한 방법으로 흑인 해방에 다가가고 있다. 초기에는 거의 매일 시위에 참여하는 데 초점을 맞추었지만 점점 여러 방면으로 많은 노력을 기울였다. 처음에는 우리가 시위 현장에 나타난 거의 유일한 단체였다. 그리고 사람들에게 선거인 명부 등록과 여론 조사 참여를 계속해서 강조한 단체도 우리가 유일했다. 우리는 시로 도움을 주고받으며 정치 교육, 시민 참여 등과 같은 지역 공동체에 기반을 둔 해결책을 주장했다.

또한 지방 정부 각처에 젊은 사람들이 당선될 수 있도록 협조해 왔다. 건강 및 의료, 교육 시스템 안의 차별과 총기 폭력, 빈곤에 맞서 싸우고 다양한 단체들과도 협력한다. 종교 지도자, 지역 활동가, 선출직 공직자, 단체 조직자, 현장 관련 인사들과도 함께 일한다. 공정한 사회를 만들기 위해 싸우고 싶은 사람들이 있다면, 기꺼이 희망찬 미래를 그리며 그들과 함께 일한다. 그래서 거리의 시위에만 머물지 않고 정치적으로도 관여한다. 우리 지역, 우리 주, 우리 나라를 대변하는 정치인들에게 우리의 의사를 적극적으로 표현한다.

뉴욕주가 안고 있던 심각한 논란거리로, 경찰이 시민의 권리를 침해하는 것뿐만 아니라 경찰의 개인적인 품행에 대해 쌓인 불만 접수 사례를 이야기할 수 있다. 당시 뉴욕에는 경찰들의 품행 기록을 은폐해 주는, '50-a 법'이 있었다. '50-a 법'의 폐지는 경찰의 과잉 진압과 부패를 방지하는 데 아주 중요한 첫 단계였다. 그 법을 폐지해야 경찰의 징계 기록을 공개할 수 있기 때문이다. 흑인을 표적

삼아 공격한 경찰들은 이 일 외에도 악의적 행동, 권리 침해, 고소 고발 등의 건수가 누적된 경우가 많았다. 그들의 악랄하고 잘못된 행동이 사전에 공개되었다면 아마도 문책이 더 쉬웠을 것이다. 무고한 시민을 학대하고 흑인 목숨을 앗아 가는 일이 반복적으로 일어나지도 않았을 것이다.

어느 날, 우리 흑인 목숨 전략의 멤버들이 회의를 하고 있었다. 그런데 몇몇 선출직 공직자들이 '더욱 안전한 뉴욕 법'이라는 개혁 법안 패키지를 통과시키려고 한다는 소식이 거론되었다. 그중 한 가지가 '50-a 법' 폐지를 가능하게 하는 법안이었다. 우리 단체는 의원들의 수고를 지지해 주고 그들이 직접 젊은 사람들에게 호소하도록 해 주고 싶었다. 그래서 입법 관련 주의회 의원들을 가급적 많이 만나기 위해 올버니로 가기로 했다. 의원들이 실제로 법안 투표하는 날을 미리 알아내, 사전 준비를 마치고 드디어 올버니로 출발했다.

올버니에 도착하니 덥고 습했다. 우리는 그룹을 나누어 작업에 돌입했다. 우리 가운데 학생회 지도부에서 활동한 멤버가 많았다. 우리가 다니던 공립 대학교에 더 많은 재정 지원을 해달라고 주의회 의원들에게 로비해 본 경험들이 있었다. 그 때문에 의원들과 우리는 이미 개인적으로 알고 있어서 그분들을 직접 만나 이야기를 나누었다. 여러 의원들에게 우리가 흑인으로서 경찰과 겪었던 일을 말해 주었다. 그런 다음 '50-a 법'의 폐지를 요청하는 기자회견을 열고 그 문제에 관한 우리 단체의 입장을 밝혔다.

뉴욕주의회 할렘 대표 알 테일러 의원도 거기 있었다. 내가 시티 칼리지의 학생회 활동을 할 때 꽤 많은 시간을 함께한 분이었다. 테일러 의원이 내게 농담을 건넸다. 그리고 로비 활동을 위해 멀리까지 온 우리 노력에 대한 칭찬도 잊지 않았다.

"옳은 일이라면 흔들리지 말고 계속 싸워 나가요. 의회 의원이나 시장, 주지사 같은 선출직 공직자들을 압박해야 해요. 지금 조성된 여론의 힘을 최대한 이용해 의미 있는 정책 변화를 이끌어 봐요."

테일러 의원은 '더욱 안전한 뉴욕 법'에 대해 주지사가 어떻게 할지 자기 의견도 말해 주었다.

 그날 주의회 의원들이 투표해서 '더욱 안전한 뉴욕 법'을 통과시켰고 며칠 뒤 주지사의 서명으로 이 법은 공식 효력이 발생되었다. 이는 '50-a 법'이 폐지되었다는 뜻이다. 뉴욕주에서 경찰은 더 이상 자기 품행 기록을 숨길 수 없게 되었다.

 환영할 만한 소식이었고 나 역시 기뻤지만 이제 한 걸음 나아갔을 뿐이라고 생각했다. 경찰의 평소 품행을 밝힐 수 있으니 '50-a 법'의 폐지가 엄청난 일이긴 했다. 하지만 최종 목표는 경찰이 잘못을 저지르면 그 책임을 분명히 묻도록 하는 것이었다.

 나는 마음을 가다듬었다.

 '좋아, 잘됐어. 이제 악당이 누구인지 알게 됐어. 계속해서 다음 목표로 나아가자.'

9

배트맨을 꿈꾸며

이따금 내가 배트맨 같다는 생각을 한다. 사람들은 흔히 나를 실천운동가로 알고 있다. 예전에 내가 학생회 회장이었고 지금은 법률회사인 대형 로펌에서 일한다는 사실을 모른다. 중학교 때 웅변대회에서 상을 받은 것도, 고등학교 최초의 흑인 학생회 회장이었다는 사실도 모른다.

  나는 실천운동가로서 하는 일을 좋아한다. 대의를 위한 투쟁도 좋아한다. 시위가 좀 잠잠해진 이즈음 나는 로스쿨 입학시험인 LSAT 공부를 하고 있다. 최고 수준의 로스쿨에 가고 싶어서다. 지금은 어느 로펌에서 인턴으로 일하고 있다. 나는 실천운동가로서의 일과 로펌의 일을 나

란히 견줄 수 있다고 생각한다. 결국에는 두 일 모두 하나로 단단히 어우러질 것이다. 내가 원하는 변화를 이 세상에서 이루려면 이 단계들을 거쳐야 한다. 나는 삶에서 다음 단계로 넘어가는 중이고, 실천운동가로서 나의 일은 그곳에서 또 다른 형태를 띨 것이다.

나는 변호사가 되고 싶다. 하지만 최종적으로는 판사가 되고 싶다. 미국에는 흑인 판사가 대단히 드물다. 전체 판사의 대략 2퍼센트만 흑인이다. 판사는 권한이 크다. 예를 들어, 미연방 형법 시스템 안에서 검사가 피고인의 형벌에 대해 20년을 구형해도 판사가 이를 허용하지 않을 수 있다. 그 영역에서 통제권을 가지고 법정 안에서 직접적인 변화를 일으키고 싶다. 즉 범죄를 제재하는 형사 사법 시스템 전반에 걸쳐 변화를 이끌어 내고 싶은 게 내 바람이다.

오늘의 나는 이제껏 해왔던 모든 일의 결과로 이루어졌음을 굳게 믿는다. 흑인 학생회 회장을 맡았기 때문에 그해 여름 리더십 프로그램에 참여할 수 있었다. 그리고 그 리더십 프로그램 때문에 훗날 교육부에 소속된 어느 위원회 청소년 위원이 되어 공정한 교육 정책을 위해 싸우게 되었다. 그리고 그 위원회 때문에 내가 처음으로 몸담았던 중요 단체인 '청소년이 이끄는 통합 뉴욕시'에서 활동하게 되었다. 그러면서 터득한 기술로 대학에 가서는 학생회 임원으로 출마할 수 있었고 결국 회장이 되었다. 그리고 그 때문에 졸업한 뒤에도 계속해서 흑인 목숨 전략 단체와 함께 실천운동을 하게 되었다.

나는 하느님을 믿는다. 하느님이 누구에게나 계획을 갖고 있다고 믿는다. 2018년, 인권운동의 영웅 존 루이스 의원을 소개하는 영광을 안았다. 그분의 삶과 언행은 내게 큰 영감이 되었다.

3년 후인 2021년 4월, 그동안 해왔던 모든 일들이 마침내 커다란 원을 이루어 출발점으로 돌아왔다. 내가 만든 단체 흑인 목숨 전략이 전미 행동 네트워크가 주는 '존 루이스 유익한 소동 상'을 수상했다. 내게는 정말 의미가 큰 상이다. 존 루이스 의원을 기리며 지난 몇 년 동안 해 온 일들을 세상이 인정해 준 것이기 때문이다.

이렇게 될 줄은 2018년에는 전혀 꿈도 꾸지 못했다. 그러나 존 루이스 의원을 만날 기회를 내가 잡았을 때, 그분의 말은 내게 깊은 영향을 미쳤다. 하루도 그분의 말을 잊은 적이 없다.

유익한 소동이란 우리가 진심으로 변화를 원한다면 불편해지는 것을 편하게 생각하며 기꺼이 한 단계 올라서야 한다는 뜻이다. 불편해지는 것이 편해져야 한다는 의견은 내가 가장 중요하게 생각하는 조직 구성 원칙이다.

고등학교 때 흑인 학생회를 시작하던 당시를 돌이켜 보면 내 이름이 회장으로 발표될 때 백인 학생들이 웃고 놀리던 기억이 떠오른다. 불편했지만, 내 뜻을 이루는 데 꼭 필요한 과정이라고 생각했다. 놀림받는다고 뜻을 굽히지 않았다. 포기하지 않았다. 불편해지는 것에 편해져야 했다. 내가 변화를 만들어 가는 중임을 알고 있었기 때문이다. 이 마음 자세는 지금까지도 유지하고 있다.

사회운동을 이끌고 단체를 시작하는 일은 어렵고 스트레스가 크다. 부담이 엄청나지만 누군가는 짊어져야 한다. 그래서 나는 이렇게 생각한다.

'내가 그 일을 하지 않으면 대체 누가 한단 말인가?'

내 몫을 내가 감당해야 한다. 그것이 누군가에게 영감을 주어 그들 또한 자기 몫을 해낼 것이다. 우리 모두가 이 세상을 좀더 나은 공정한 세상으로 만들기 위해 저마다의 몫을 해내다 보면, 어느덧 자신이 있어야 할 저마다의 자리에 도달하게 될 것이다.

시간으로 보는 인물 이야기

2010년
6학년 때 프란치의 뛰어난 언어 구사력을 뒤프레 선생님이 알아차리고 웅변대회에 나갈 것을 권한다. 이듬해인 2011년에 대회에 출전한다.

2014년
열다섯 살 프란치가 친구 패트릭과 함께 난생처음 시위에 참가한다. 그해 7월 17일 살해당한 에릭 가너를 기리는 시위였다.

2012년~2016년
프란치가 백인 다수의 고등학교에 다니기 시작한다. 백인 학생들에게 미묘한 차별과 무시를 겪은 뒤 '흑인 학생회' 창립에 참여한다. 프란치는 흑인 학생회 회장이 되어 여러 행사를 계획하고 또 흑인과 유색인종 학생들에게 좀더 이롭고 공정한 교내 환경을 만들기 위해 노력한다.

2016년 가을 프란치가 정치학에 관심을 갖고 시티 칼리지 오브 뉴욕에서 대학 생활을 시작한다. 2018년 봄 프래터니티 '알파 파이 알파'의 멤버가 되고 이윽고 학생회 회장으로 선출된다.

2018년 8월 프란치가 제1회 국제 유스 보이스 대회에 참석하고, 인권운동의 아이콘인 존 루이스 의원을 소개하는 영예를 안는다.

2020년 3월 코로나19가 상상도 못할 전염력과 치명률을 가진 질병으로 미국에 나타난 뒤 계속해서 미국과 전 세계로 퍼지며 대혼란을 초래한다.

5월 25일 흑인인 조지 플로이드가 백인 경찰 데릭 쇼빈에게 살해당하고 이 광경이 일반인에 의해 촬영된다. 코로나19 팬데믹으로 집에 고립되어 지내던 사람들에게 이 동영상은 급속도로 퍼지고 전 세계적인 항의 시위와 실천운동이 촉발된다.

5월 26일 '흑인 목숨 전략' 단체가 탄생한 날로, 프란치가 조지 플로이드 살해 사건에 대응하기 위해 청년 지도자들과 줌 회의를 연다. 실천운동가들로 이루어진 이 단체는 경찰의 과잉 진압에 대한 '일곱 가지 요구 사항' 성명서를 함께 작성하고, 다음 날 기자회견을 열어 요구 사항을 세상에 알린다.

5월 29일 악명 높은 뉴욕시 바클레이즈 시위에 참여한 프란치는 다각적이고 전략적으로 시위를 해야 흑인 목숨 운동이 널리 퍼져 진정한 변화를 초래할 수 있음을 깨닫는다.

6월 1일 과잉 진압에 항의하며 워싱턴 D.C. 라파예트 광장에서 평화롭게 행진하던 사람들에게 경찰이 무자비하게 최루가스를 쏟다 트럼프 대통령이 기념

촬영을 위해 광장을 가로질러 가기 위한 조처였다.

2020년

여름 '흑인의 생명도 소중하다' 운동을 지지하는 항의 시위가 전 세계 곳곳에서 이어진다. 프란치의 흑인 목숨 전략 단체는 시위 현장을 다니며 기술적·전략적으로 지원한다.

2021년

4월 프란치의 실천운동이 마침내 커다란 원을 완성한다. 흑인 목숨 전략 단체의 활동으로 '존 루이스 유익한 소동 상'을 수상한다.

Q. 도서관이 프란치의 삶에 어떤 영향을 미쳤나요?

프란치가 실천운동을 한 이야기는 플랫부시와 캐나시 도서관에 그 뿌리를 두고 있습니다. 프란치는 도서관에서 언제든 자유롭게 책을 읽으며 훌륭한 작가들을 만나고 세상에 대한 시야를 넓힐 수 있었어요. 어린 프란치에게 도서관은 안식처였고, 방과 후 다양한 독서로 자신의 목소리를 찾으며 웅변대회에서도 수상했지요.

이러한 프란치의 웅변 재능은 대중 연설과 리더십으로 꽃을 피웠어요. 자신이 다니던 고등학교 흑인 학생회와 시티 칼리지 학생회 회장으로, 그리고 흑인 목숨 전략이라는 단체의 공동 창립자로 활약하게 되었답니다.

Q. 조지 플로이드 살해 사건에 항의하는 시위가 뉴욕시와 미국 전체에 어떤 영향을 주었나요?

2020년 5월, 백인 경찰 데릭 쇼빈이 흑인인 조지 플로이드를 살해한 뒤, 이에 항의하는 시위가 미국 전역에 걸쳐 2,000개가 넘는 도시에서 일어났어요. 팬데믹 기간이었는데도 흑인 목숨을 지지하는 시위들이 그해 내내 지속되었고 전 세계 60개 국가로 확산되었지요.

그 운동으로 보통 사람들이 자발적으로 조직을 만들었고, 프란치의 흑인 목숨 전략 같은 단체도 생겨났어요. 이런 단체들과 젊은 실천운동가들이 대중을 독려해 인종 관련 정책과 정의에 대한 논의를 이끌었어요. 결국, 경찰 기금을 줄이고 그 돈을 공동체 차원으로 투자하자는 운동이 일어났지요.

또한 그들은 연방과 주, 시 차원의 입법 제안에도 큰 영향을 미쳤습니다. 항의 시위로 뉴욕시에서는 '더욱 안전한 뉴욕 법'이 통과되었어요. 그 법이 거둔 여러 성과 중에는 '50-a 법'의 폐지도 포함됩니다. '50-a 법'은 경찰의 품행 기록을 은폐할 수 있게 한 법이에요. '50-a 법'이 폐지되자, 뉴욕시 경찰들의 품행 기록이 세상에 공개되었고 사람들은 불만 접수 신고가 누적된 경찰이 누구인지 알게 되었어요.

Q. 프란치는 요즘 무슨 일을 하나요?

프란치는 어릴 때부터 살던 플랫부시 집에 지금도 살고 있으며 그 지역 공동체의 구성원으로 활발히 참여하고 있어요. '브루클린 공동체 이사회 17' 멤버로 임명되어 위생

분과위원회 위원장을 맡고 있지요.

그리고 다른 청년들에게도 공동체 이사회 임원 활동을 장려하고 있습니다. 또, 흑인 목숨 전략 단체를 통해 꾸준히 학생 리더들을 길러 내며, 흑인 목숨 전략 기금을 받는 최초 장학생을 발표했어요.

요즘은 로스쿨 입학시험 LSAT 공부도 하고 있습니다. 법조계 일을 맡아 새로운 차원에서 자신이 해오던 실천운동을 계속하고 싶기 때문이에요.

Q. 흑인 목숨 전략의 역할이 실천운동에서 왜 그토록 중요했나요?

흑인 목숨 전략 단체를 만든 줌 회의 며칠 후 프란치와 티머시는 뉴욕시 바클레이즈 시위에 참가했습니다. 조지 플로이드의 살해 사건에 대해 강력한 유감을 표하는 시위였지요. 하지만 프란치는 시위 현장에서 일부 무리가 일으킨 소란과 폭력 행위가 조지 플로이드의 죽음을 기리고 그의 명예를 높이는 데 별로 도움이 되지 않음을 깨달았어요. 그 시위에는 결집력이라는 요소가 빠져 있었어요. 시위 자체의 혼란 속에서 시위의 메시지가

실종되고 말았지요.

프란치는 자신과 동료들이 바라는 변화에 힘을 싣고 흑인 목숨 운동의 메시지를 명확하게 전달하기 위해, 흑인 목숨 전략이 실천운동의 기반이 되어야겠다고 생각했어요. 흑인 목숨 전략은 경찰의 과잉 진압이라는 문제에 단계별로 대항했습니다. 제1단계는 시위 자체와 시위를 기술적으로 지원해 목소리를 내고, 제2단계는 시민 참여를 독려하는 것이었어요.

이로써 그들의 운동에 결집력이 생겼고 다양한 현장에 흑인 목숨 전략의 에너지와 전문성을 보태 주어 큰 힘을 발휘했습니다. 웅변 재능이 있는 멤버는 입법 관련 주의회 의원들 앞에서 '50-a 법'을 폐지해 달라고 청원했고, 전술적 경험이 있는 멤버는 시위 현장으로 지원을 나갔어요. 이런 계획과 전략의 실천으로 프란치의 흑인 목숨 전략 단체는 '흑인의 생명도 소중하다' 운동에 더욱 효율적으로 영향을 미쳤답니다.

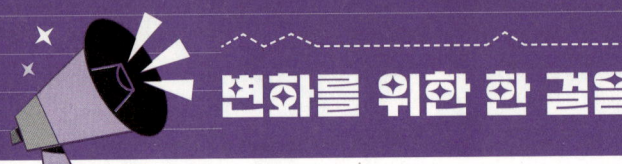

변화를 위한 한 걸음

① 격려해 줍시다

다른 사람들이 자신의 목소리를 찾도록 격려해 주세요. 어떤 일에 열정을 보이는 사람이 있다면, 그 사람이 목소리를 내고 목표에 도달하도록 여러분의 힘을 보태 줍니다. 그 사람에게 감사와 긍정적인 마음을 전하고, 여러분 자신과 여러분이 가진 꿈도 믿어 보세요.

② 공부합시다

뭐든지 적극적으로 배워 보세요. "현명한 사람은 아는 게 없는 사람이다"라는 말을 기억하고 끊임없이 모르는 것을 알기 위해 노력합니다. 또한 좋지 않은 행동이나 차별들은 적극적으로 물리치고 건전한 방향으로 나아가세요.. 인종차별을 반대하는 글을 읽고 인종 관련 연구를 다루는 팟캐스트를 들어 보세요. 이런 이슈를 이해하는 데 도움이 되는 행사에도 지속적으로 참여합니다.

③ 용기를 냅시다

여러분이 원하는 세상을 만들기 위해 용기를 내보세요. 여러분 동네의 국회의원들을 만나 보아요. 친구들과 의미 있는 단체도 만들어 보아요. 시위 현장에도 나가 보아요. 여러분이 믿는 가치에 맞게 용기를 내서 살아 보세요. 누구나 그럴 능력이 있습니다. 여러분이 자신과 원하는 일의 가치에 믿음이 있다면 여러분의 목표가 아무리 커도 지나치지 않답니다.

빛을 든 아이들 4
프란치, 인종차별을 넘어 행진
흑인 인권을 드높인 소년 이야기

초판 1쇄 2022년 12월 30일

지은이 프란치 루진코트
옮긴이 권가비

펴낸이 김한청
기획편집 원경은 김지연 차언조 양희우 유자영 김병수 장주희
마케팅 최지애 현승원
디자인 이성아 박다애
운영 최원준 설채린

펴낸곳 도서출판 다른
출판등록 2004년 9월 2일 제2013-000194호
주소 서울시 마포구 양화로 64 서교제일빌딩 902호
전화 02-3143-6478 팩스 02-3143-6479 이메일 khc15968@hanmail.net
블로그 blog.naver.com/darun_pub 인스타그램 @darunpublishers

ISBN 979-11-5633-522-1 (74000)
979-11-5633-518-4 (세트)

- 잘못 만들어진 책은 구입하신 곳에서 바꾸어 드립니다.
- 이 책은 저작권법에 의해 보호를 받는 저작물이므로, 서면을 통한 출판권자의 허락 없이 내용의 전부 혹은 일부를 사용할 수 없습니다.

이 책의 수익금 가운데 일부는 '국제 연합 청소년 글쓰기 센터'의 작품 지원에 쓰입니다. 비영리 목적으로 운영되는 이곳은 청소년이 글을 쓸 만한 곳, 측하와 격려 속에서 목소리를 낼 곳이 필요하다는 신념으로 설립되었습니다.
www.youthwriting.org